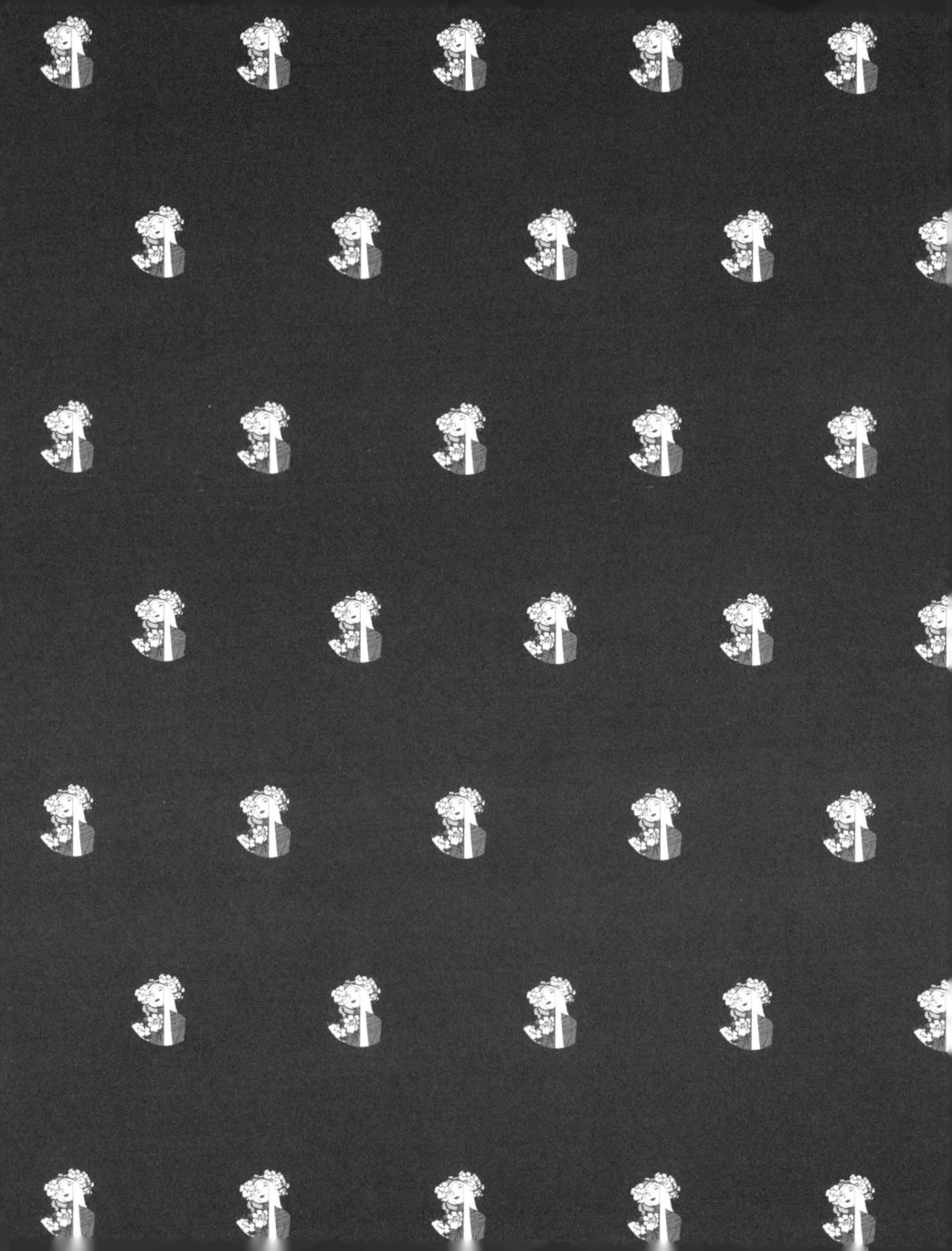

Romancero de Luis Alberto

Primera edición en LOS VERSOS DE CORDELIA, mayo de 2026

Edita: Reino de Cordelia
www.reinodecordelia.es
 @reinodecordelia facebook.com/reinodecordelia
 www.youtube.com/c/ReinodeCordelia01

Derechos exclusivos de esta edición en lengua española
© Reino de Cordelia, S.L.
C/Agustín de Betancourt, 25 - 6º pta. 13
28003 Madrid

 El papel utilizado para la impresión de este libro, fabricado a partir de madera procedente de bosques
 y plantaciones sostenibles, es cien por cien libre de cloro y está calificado como papel reciclable

© Luis Alberto de Cuenca, 2026

Antología, edición y prólogo de © José Luis Garci, 2026

Ilustración de cubierta: © Miguel Ángel Martín, 2026

IBIC: DCF | Themas: DCF
ISBN: 979-13-87599-51-5
Depósito legal: M-12149-2026

Diseño y maquetación: Jesús Egido
Corrección de pruebas: Pepa Rebollo

Imprime: Técnica Digital Press
Impreso en la Unión Europea
Printed in E. U.

Romancero de Luis Alberto

Luis Alberto de Cuenca

Una antología Popsocrática
de José Luis Garci

Carrie Fisher como la princesa
Leia Organa junto a Jabba the Hutt
y Salacious B. Crumb (izquierda)
en *El retorno del Jedi* (1983),
de Richard Marquand.

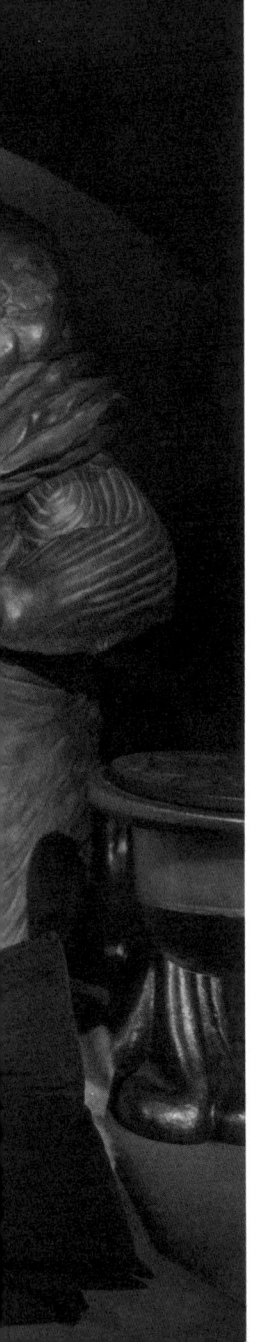

Índice

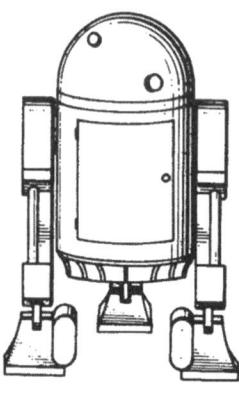

Prólogo
4 pasos por las nubes

John Wayne, Dean Martin y Ricky Nelson
en *Río Bravo* (1959), de Howard Hawks.

I
Kinéphilo y *pop*

MI AMIGO Luis Alberto de Cuenca lee el griego y el latín con más facilidad que yo el *As*. Por eso, siempre le digo que es un kinéphilo y no un cinéfilo, como somos el resto de la banda. Luis Alberto es el único filósofo clásico kinéphilo que conozco, pues me da que el gran Rodríguez Adrados (su maestro y compañero en la Academia de la Historia), no le dedica mucho tiempo a Howard Hawks.

Conocí a Luis Alberto de leídas mucho antes que de oídas; lo intimé verso a verso, renglón a renglón. Su poesía, en primer lugar, despertó mis sentidos —como antes, en los sesenta, me había pasado con Gimferrer, otro cinéfilo de alzada—; la poética de Luis Alberto, decía, tras invadir mi percepción, rodeó mis recuerdos (y mis falsos recuerdos) con aromas cálidos, como de horno de pan, que parecían envueltos en esos colores que fabrica el Egeo al atardecer, los justamente famosos naranjas subidos. Cuando nos vimos por primera vez el kinéphilo y yo, fue un flechazo. Y ya no hemos paramos de hablar, de tebeos —lo de «cómics» nos

suena muy intelectual—, y de películas B de ciencia ficción, de *péplums* y Maciste, de veranos y libros (*Drácula, Manuscrito encontrado en Zaragoza, El Aleph*), en fin, de Sherezade y otras chicas malas.

El placer textual que me había producido leer a Luis Alberto resulta que era exacto al placer gramatical que trasmitía su charla, ligera como *La viuda alegre* de Lubitsch, sencilla como los programas de mano que se repartían en los cines de barrio, e igual de radiante que sus poemas amorosos, tan alegres y, a la vez, tan melancólicos. Todo recordaba aquellas primeras Coca-Colas, las de sabor original.

Luis Alberto estudió en el Pilar, pero yo creo que todo lo aprendió en Olimpia, no la película de Leni Riefenstahl (que también es estupenda), sino donde estaba la policromada estatua de Zeus, una de las siete maravillas del pop, entre Lichtenstein y la pedrería *kitsch* de *El ladrón de Bagdad*. Me han secreteado que se pasaba las tardes de competición —*agón*, diría él— escuchando a Píndaro, para luego, punzón en mano, acribillar las tablillas de cera con sus poemas color miel, con sus palabras que respiran Mediterráneo a pleno pulmón, con algo de la nostalgia de Homero y ese leve desengaño de los cuadros de Velázquez.

Yo juraría que la poesía de mi amigo es una recreación melancólica de su infancia, en la que se mezclan, como en la perola de las brujas de *Macbeth*, Walt Disney y *La guerra de las galaxia*s; o *Fantomas*, de Feuillade, en realidad todas las narrativas nacidas en los folletines de los periódicos, con *La pequeña Dorrit* a la cabeza. Y no debe extrañarnos

que a nuestro poeta pop le entusiasme, además del *popsicle*, Fritz Lang, pues *Los nibelungos* (1934), además de ser una obra maestra, anticipa precisamente, ya digo, el pop, o lo pop, de las mitologías. Otros compañeros de viaje de Luis Alberto son los *gangster's films* de los treinta (*Scarface*) y el señor Rice Burroughs (la saga marciana en su totalidad), sin olvidarnos de Stella, la morenita novia del inspector Dan, de la Patrulla Volante de Scotland Yard. Quiero decir que Luis Alberto es *pulp fiction*, él y sus versos, tan modernos y jóvenes ambos como Little Nemo.

Otra cosa. La poesía épica y profana de Luis Alberto, incluso la teatral o litúrgica, o la erótica (la que más me gusta), contiene el mundo que le rodea, desde luego, aunque (y de ahí su actualidad y resistencia), enmascarado en viñetas, sin solemnidad, nada de cursivas, no, apenas con las letras claras y las onomatopeyas reglamentarias de *El Guerrero del Antifaz* o *Las aventuras del FBI*. Una poesía (*L. A. Confidential*, la llamo yo), en fin, alumbrada con los colores estimulantes de los álbumes de cromos, es decir, tintada de lo más inesperado. Así, el desamor lo convierte Luis Alberto en el «sinamor» que habitamos antes del fogonazo del enamoramiento. En el limbo. Nunca en el infierno o el purgatorio del amor. Para abreviar: Luis Alberto es el mejor poeta que conozco nacido en los años cincuenta y después. Lo que más llama la atención es que ni él ni sus versos quieren superar a nadie, ni envidiar a nadie. Cuando paseamos algunas mañanas por el Retiro, me parece que camino

junto a un filósofo clásico, Antístenes o Epicuro, sin túnica ni sandalias, pero con idéntica intuición de los que enseñaban a ir tirando por la Acrópolis o Alejandría.

Luis Alberto sabe de tebeos tanto como Luis Gasea; de Sherlock Holmes, lo mismo que Eduardo Torres-Dulce; de historia de España casi como don Marcelino; de sonetos y de novela policíaca, igual que Manolo Alcántara y Fernando Sánchez Dragó; y de Bradbury, más que yo.

Leer a Luis Alberto me hizo cosmopolita y snob en la peor acepción del término. Conocerlo me ha hecho más bueno, y ya sé que parece un imposible, pero sí me ha vuelto más niño. Cuando doy vueltas a su lado por el Paseo de Coches o a la Rosaleda, tengo la impresión de ser un chaval de doce años, como cuando mi inolvidable Alberto (Elías) y yo pateábamos alrededor del Estanque hablando de las chicas por las que bebíamos los vientos y de lo que nos gustaría ser de mayores. Con Luis Alberto es al contrario; lo que comentamos es lo que querríamos haber sido de pequeños. No sé afirmarlo con más propiedad, sé que lo digo atolondrado, torpemente, pero es que no sé teclearlo mejor: lo que pretendo secretearos es que L. A. es un chico travieso dentro de un hombre bueno, un tipo que tuvo claro desde su infancia que no hay Artes de perfil bajo o alto, que no hay Artes sacralizadas. Que los artistas no son únicamente Picasso o Wagner, sino también Sinatra o Hugo Pratt. Y que todo eso está dentro de sus poemas.

Recuerdo que en la copa que nos ofreció día de su boda con Alicia, Alice, Alicita, esa bruja hada que llegó a sus brazos directamente de Wonderland, fiesta y tarta que celebramos en el salón Puerta del Sol del Casino de Madrid (¿octubre de 2000?); bueno, pues aquella noche Luis Alberto era Tintín viviendo su aventura más apasionada —sniff, sniff—, a punto de llorar de felicidad. De haberlo pensado un poco, sus amigos tendríamos que haberles regalado a los novios los trajes del Príncipe Valiente y Lady Aleta, diseños de Harold Foster.

Hace poco, se presentó en la radio con la *lightsaber* (espada de luz) de Darth Vader. Toda la redacción de esRadio, ellas y ellos, se volvió loca al verlo blandir el sable, que cambiaba de luz a cada mandoble. Parecía la mañana de Reyes. Los de Informativos y los de Deportes, con Polvorinos y Dieter a la cabeza, bramaban de alegría, y poco a poco se transformaron en Luke Skywalker o la princesa Leia, según, jugando con la espada mágica, uno de los más prodigiosos iconos de nuestra era.

Y es que Luis Alberto sabe latín. Y griego. Más aún que los peces que surcaban el Mare Nostrum en el Nautilus, con Kirk Douglas y James Mason en busca de infancias perdidas.

Revista *Litoral*, 2013

2
Cuaderno de Luis Alberto

EL 23 DE OCTUBRE DE 2013, miércoles, Luis Alberto de Cuenca no quiso ver conmigo el partido entre el Real Madrid y «la» Juventus, Fase de Grupos de la Copa de Europa (ahora Champions League, para los menos fogueados), porque, me dijo, tenía que entregar *ya* la nota de introducción a su libro *Cuaderno de vacaciones*, un volumen editado por Visor —acaba de salir— que recoge los poemas escritos por Luis Alberto durante los veranos de 2009 a 2012. Lo cierto es que agosto suele ser muy beneficioso, en todos los sentidos, para el autor de *La caja de plata*. Doy fe de su buen humor matinal alrededor de la piscina, jamás en bañador, sino vestido para leer: pantalón vaquero, camisa de manga corta y las alpargatas de toda la vida, que, por cierto, se han puesto otra vez de moda.

La jornada del poeta arranca con la lectura de unos cuantos tebeos, clásicos y modernos; luego, elige casi siempre una novela de ciencia ficción o una saga de espadas y brujería, y de ahí pasa a entretenerse

con Homero y Catulo, en sus respectivas lenguas, naturalmente, que para algo es doctor en Filología Clásica y Premio Nacional de Traducción. Al tiempo que lee, y casi de manera inconsciente, apunta en un pequeño bloc (con «ce») ideas para un futuro soneto o, sin más, un verso breve como aquel que dedicó a las mujeres (y tanto alboroto armó): «Mira que las deseo. / Y qué poco me gustan». Después se da un par de baños, gimnásticos más que nada, que le sirven de rehabilitación para sus problemas de espalda, tras haber cambiado, eso sí, el vestuario de lectura por algo parecido a un «Meyba». Y a la mesa. Luis Alberto, come siempre muy concentrado, más todavía que cuando escribe. A la hora de *il pomeriggio*, se retira; no para echarse la siesta, sino a pasar a limpio, al Mac, quiero decir, lo mucho o poco que haya dado de sí la mañana.

Sin retroceder al *Antiguo Testamento*, confesaré que supe de Luis Alberto de Cuenca, ya lo he comentado en varias ocasiones, por leídas antes que por oídas. Empecé a intimar con él a través de los misteriosos renglones de *Elsinore*, y, sobre todo, con sus dos siguientes libros, *Scholia* y *Necrofilia*, que me produjeron un estremecimiento similar al que sentí al descubrir *La muerte en Beverly Hills*, esa joya de Gimferrer. Quiero decir que cuando lo conocí —aquellos días en que gobernaba la Biblioteca Nacional—, Luis Alberto formaba ya parte de la docena de mis poetas españoles preferidos del siglo XX,

junto a don Antonio y Federico, Juan Ramón, Cernuda y Rafael de León, Aleixandre, Claudio Rodríguez, Ángel González, Manolo Alcántara, Gil de Biedma y el citado Gim.

A raíz de nuestro primer flechazo —compartíamos un taxi camino de una reunión de jurados o una entrega de premios, no recuerdo muy bien—, comprobé que el placer textual que me habían proporcionado los libros de Luis Alberto era exacto al placer gramatical que transmitía su charla, una conversación tan ligera y divertida como *Cantando bajo la lluvia*, igual de sencilla y directa que los *péplums* de Cottafavi y tan inteligente y melancólica como sus poemas de interiores. (Es curioso, pero si no se hubiera casado tan pronto su hermana María Jesús, los padres de Luis Alberto nunca habrían convertido la habitación de su hija en un cuarto de estudio para el joven bibliófilo. Ahí, en aquella estancia vacía aunque aún con la resonancia de las risas y canturreos de la chica, nacería un poeta romántico y desolado, burgués más por recuerdos que por cuna, un paladín de la reina Ginebra que instaló Camelot en el barrio de Salamanca de Madrid, un filólogo tan atractivo y simpático como Burt Lancaster en *El temible burlón*).

Leyendo *Cuaderno de vacaciones*, hasta hoy, para mí, su libro más sabio, más emocionante, más seductor, también el más trágico —Luis Alberto es otro místico descreído—; tratando de leerle «el

pensamiento» a *Cuaderno de vacaciones*, repito, he podido apreciar, con mayor claridad que otras veces, que los versos color miel de mi amigo (que saben a los canutillos que le comprábamos al barquillero del Retiro los domingos: seis tiradas una peseta), he sentido, decía, que cada palabra del *Cuaderno* —como toda la obra de Luis Alberto— no es sino la recreación melancólica de su infancia. Por tanto, certifico que ha sido escrito por un niño encerrado en el cuerpo de un filósofo de la Antigüedad, un niño cobijado dentro de una viñeta de Alex Raymond, por una persona, en fin, que versifica nada menos que desde la complejidad, que anhela la convivencia y propaga cierto desengaño difícil de percibir, como el de los cuadros de Velázquez o Vermeer. Es decir, que la infancia de mi amigo siempre transcurre en medio de fines de siglo. A veces, entre el final del II Imperio y el comienzo de la I Guerra Mundial.

En una de las páginas más brillantes del libro, Luis Alberto nos secretea que últimamente ya no protagoniza sus sueños, que poco a poco ha ido transformándose en un personaje secundario de sus duermevelas, en un «actor de reparto», como el mayordomo de aquellas comedias de Kate Hepburn que siempre acababan en Connecticut, en las que la propia Kate solía presentarse a desayunar con ropa de montar. Eso proclama Luis Alberto: que de ser el Capitán Trueno ha descendido al papel del cocinero chino en las

películas de piratas. No me lo creo. No, después de leer que su autor sigue soñando con leones y con esas chicas del Walhalla de piernas kilométricas, y que sigue citándose para comer en «Mallorca» de Velázquez con Stella, la novia morenita del Inspector Dan. A través de los versos acanalados e insomnes de L. A., presiento a Zoraida, aquella Sarita Montiel en la que el Guerrero del Antifaz jamás reparó; y a Teodora, en su palco presidencial del Hipódromo de Bizancio, y a Semíramis y Sherezade y, sobre todo, a la doncella rubia de *El señor de la guerra*, Bronwyn, la Rosemary Forsyth que tanto amó Cirlot. Para todas las damas, recordadlo, escribió Luis Alberto el más hermoso elogio del sujetador del que se tiene noticia en Oriente y Occidente, tan imitado luego por Belcor, incluso por Wonderbra.

Me fascina *Cuaderno de vacacione*s porque es popular y culto, porque no hay que descifrarlo, porque es poesía que se comprende sin esfuerzo, que te llega tan amistosamente como el álbum de *Yellow Submarine*, de los Beatles, o sea, un resplandor de colores estimulantes, esperanza a raudales. Porque *Cuaderno* es una nueva revisitación al Pop, un Dry Martini a base de Lichtenstein y Cavafis, una gota de Patinir y un golpe de Paolozzi. Unas páginas escritas en CinemaScope, un libro de exteriores, como *Hatari!*, en el que están presentes, además de la *kinephilia* de su autor, Ezra Pound y Magritte, Douglas

Sirk y Bram Stoker, Homero y Fritz Lang, la novela gótica y la novela negra, Walt Disney y Friedrich, la literatura fantástica y la *pulp*.

Ahora entiendo las prisas de mi amigo aquella tarde de otoño por ponerle unos párrafos emotivos a su nuevo libro de versos nada sueltos, sino «versos trailers», sí, versos como los *trailers* de las películas: avances de vida. Ahora comprendo por qué me dejó solo viendo a «la» Juve contra el Madrid, su equipo del alma.

De verdad, *Cuaderno de vacaciones* es tan sexy y moderno como Kate Moss o Manhattan; como *Vértigo*, de Hitchcock, o Tintín; como Sinatra, la botella de Coca-Cola (y la Coca-Cola) o las Callas; como un billete de cien dólares o la portada de Peter Blake para *Sgt. Peppers Lonely Hearts Club Band*, por citar unas cuantas maravillas de nuestro tiempo. Espero, y termino, que esta obra muy pronto sea traducida al latín, «*Temporum vacantium libellus*», o algo así. Luis Alberto me ha confirmado que no hay eterno retorno sino eterno presente, tanto como eso, y que todo lo bueno que permanece se lo debemos a sus colegas los poetas. No diría yo que no.

Y si hay que arriesgarse, ahí voy: apuesto cinco a uno a que la poesía de Luis Alberto de Cuenca, igual que las estrellas de rock, no va a envejecer. Mira por dónde, mi amigo es el primer poeta pop-socrático, además de un Omar Khayyam abstemio.

(2014)

3
Bébetelo

TODOS LOS LUNES, a eso de las doce, Luis Alberto me recoge en un taxi y nos dirigimos a esRadio, en la calle Juan Esplandiú, donde grabamos *Cowboys de medianoche*. Tras el «Hola, buenos días», el abrazo o el beso, comentamos eso que se llama la última hora de la actualidad. Últimamente, mi amigo tiene un atractivo proyecto entre manos, nada menos que la traducción de *El cantar de Roldán*, con destino a Reino de Cordelia, la editorial de nuestro común amigo Jesús Egido. Como muy acertadamente dice L. A., ¿no es la mejor noticia que los poetas traduzcan poesías? (Acordaros de que Juan Ramón nos regaló, en un castellano de oro, al hoy olvidado Tagore).

También, y antes de comenzar la grabación de *Cowboys*, el bardo y yo charlamos por los codos de fútbol, de tenis, de películas, de tebeos, de libros y, en fin, de esa cosa tan manida que llamamos la vida.

Muchas veces he comentado que no puedo leer de un tirón la poesía del genio. Y es verdad. Siempre me detengo en una palabra, o en varias, que me hacen pensar, imaginar, irme a no sé muy bien dónde. Para esta antología tan personal, he seleccionado 50 poemas (50, 1950, es el año en que nació L. A.), y aviso que quizás no sean «los mejores», los del canon, sino los que a mí me llegan más, los que más me gustan, los que me impresionan cada vez que los revisito —que diría Fitzgerald—; repito, los que más me divierten, turban, inquietan o conmueven. Y sí, es cierto que 50 son pocos. Me he quedado con las ganas de elegir el doble, o el triple.

En serio. Me parece que todavía nos falta perspectiva para calibrar el talento creativo e innovador de Luis Alberto de Cuenca. Estoy convencido de que cuando pasen unos años, tampoco muchos, aunque ni él ni yo creo que lo veamos, este poeta madrileño del Barrio de Salamanca alcanzará un reconocimiento esplendoroso en eso que se conoce como las *Letras españolas*. Luis Alberto ya está ahora mismo, y no solo para mí, jugando en la misma Liga de Luis Cernuda, Gil de Biedma, Pepe Hierro, Ángel González o su querido Gimferrer. (No olvidemos que ningún otro país ha dado mejores poetas que España en los siglos XX y XXI, Lorca, los Machado, Juan Ramón, Aleixandre [al que tantas veces vi, a través de la verja, sentado ante un libro

en el pequeño jardín de su chalecito de Miraflores de la Sierra, en la carretera de Rascafría, aquellos veranos eternos de mi infancia, mediados los años cincuenta...], Manolo Alcántara, Rafael de León, hasta el *Romance de la Infanta Isabel*, de Rafael Duyos, sobre todo recitado por el actor y rapsoda Alejandro Ulloa.

L. A. es un poeta urbano, es decir, *flâneur*, clásico y moderno en la misma página, que ama por igual a la Afrodita que taconea en el Olimpo agitando un Dry Martini de Balmoral, que a la princesa Leia que no para de viajar en naves espaciales con la naturalidad de quien navega por el Metro.

Mi amigo disfruta tanto con los cielos de Oz como con los de Dalí. Al leerlo, y os lo juro por Ezra Pound, en varias ocasiones he visto caer lluvia sobre su corazón de chocolate, como el de Ray Conniff. Por ello, muy pronto supo —ahí están sus trovas color limón— que la vida, verso a verso, se va haciendo dolorosa.

Lo que sí he notado, tras el último repaso a su *ópera omnia*, es que mi hermano parece que escribe hacia fuera, pero no, siempre lo hace por dentro. Por dentro de lo más dentro. En un endecasílabo, atracado de veraneos, como aquellos de Pozuelo, Luis Alberto se sacude toda una niñez llena de tebeos, libros, canciones y vida. Y es el poeta más pop del movimiento Pop Art, porque cualquiera de sus rimas naranjas podríamos convertirlas en anuncios publicitarios como los que

veíamos en los autobuses de dos pisos que salían en *Las chicas de la Cruz Roja* o *El día de los enamorados.*

Después de leer «El desayuno», ¿no pensáis en *Woman in bath 1963* de Roy Lichtenstein?

Bébetelo. A L. A. hay que bebérselo.

Hawks, Botticelli, la camioneta Chevrolet 3100, Plotino, «Mallorca» de Velázquez, la editorial Bruguera, Flash Gordon, Catulo, el Cream-sicle y por ahí.

(2026)

26

4
L. A.

(Notas para una exposición sin Mussorgsky)

L. A. ESTA VEZ no es «Elei», hermano con el que paseo, desde hace décadas, *por el camino verde* y *por las calles del tiempo*. Igual que Juan Ramón Jiménez se convirtió en *Juan Ramón*, Luis Alberto de Cuenca evolucionó pronto a *Luis Alberto*, hoy por hoy, el mejor poeta de su generación, que es también un poco la mía.

La cosa es que, en lejanos tiempos, avisé a la afición que L. A. era el gran bardo *popsocrático* desde los sensuales días de Epicuro. Más allá de su pasión por los tebeos, desde *El Guerrero del Antifaz* a *Diego Valor* o *Flash Gordon*, sin olvidar a *Mandrake*; y más todavía que su entusiasmo incontrolable por Shakespeare y Howard Hawks, por Borges y *Los nibelungos* de Fritz Lang; por encima de su fervor a Lichtenstein y a la Venus (Ava Gardner) con tacones de quince centímetros y sujetador verde como el de *Irma La Douce*; más que

nada, mi amigo L. A. padece de ese mal que no tiene cura: la locura, la misma demencia de los dioses del Olimpo, la de Zeus, Apolo y Hefesto, sin ir más lejos. Un frenesí que le hace visitar a diario la Atenas de Pericles y los Campamentos de invierno de Marco Aurelio, tan nevados, donde Alec Guinness escribe de madrugada sus *Meditaciones*. Por eso, el latín y el griego (el griego de Danone, diría él) son sus lenguas maternas. El Partenón y el Panteón.

Os prometo por Cavafis que L. A. habla a diario con Catulo y Rod Laver. Por cierto, no conozco nada más parecido a los poemas amorosos de mi amigo, que las legendarias finales de Wimbledom. Los versos de L. A. son un continuo carrusel de saques y restos; y nunca un revés, ni siquiera de Federer.

SAQUE
Se nos salía
el amor por el borde
de nuestras copas.

RESTO
Viajar a Marte
o al cuarto de la plancha.
Pero contigo.

He visto escribir muchas veces a L. A., medio tumbado sobre su teléfono móvil. Si te fijas bien, lo que ves es un niño dentro del cuerpo de un hombre, o varios niños. Niños que apenas dan la lata y se mueren por ir a las heladerías, otra de las obras maestras del Pop Art de los 50's; son como neveras abiertas de colores. Y también L. A. es de esos hombres que oyen en soledad a Dinah Washington a las diez de la noche.

Un secreto. Aquellos niños sufrieron un desengaño amoroso. Para curar el mal de amores, su padre les recetó Florencia. Nada de inyecciones de calcio, nada de complejos vitamínicos, solo aplicarse gotas de Lubristil del Arno en ambos ojos, por las mañanas, antes del desayuno en ese *caffé* que hay junto a la Galería de los Uffizi. En una semana, el colirio destruyó las lágrimas y dio paso a miradas nuevas que descubrieron miradas mágicas, llenas de bondad y talento, una combinación que incluso supera la mezcla divina del Dry Martini.

Ah, confieso que jamás he podido leer de un tirón ningún poema de mi amigo, siempre me detengo, conmovido o divertido, en un renglón antes del final. En fin. La poesía de L. A. huele tan bien como las tiendas de antigüedades que había alrededor de la Carrera de San Jerónimo y el Ateneo cuando yo era un niño y jugaba en los Jardincillos de Cervantes frente al Congreso.

Así que, L. A., brindemos por tu Expo, tan necesaria. ¿Cola Cao calentito o un Nesquik fresquito?

Como le decía Cary a Grace en *Atrapa a un ladrón*, aunque no en latín, *tu iubes*.

(2026)

Romancero de Luis Alberto

Osgood Perkins, Paul Muni y Karen Morley en
Scarface (1932), de Howard Hawks.

Eɴ ᴛᴜ ᴘᴇᴄʜᴏ, en la arena
en el agua, en el viento, en la corteza
de ese árbol, intento escribir *siempre*
y una mano invisible escribe *nunca*.

[*La mujer y el vampiro*, 2010]

🐚 (Así viven los personajes
de tu querido David Lynch).

El cuervo

UNA NOCHE de un frío diciembre, me encontraba
solo en mí biblioteca, pensativo, tan solo
que ni los viejos libros ni los mil cachivaches
que abruman los estantes me hacían compañía,
tan solo como un náufrago después de la tormenta,
como un tucán en medio del desierto de Gobi,
como un tigre en el Congo, como un ornitorrinco
en Siberia. Muy solo, muy cansado, hecho polvo,
sin ganas de vivir, paseando la mirada
sobre un libro de Dover con *The Raven* de Poe.

Un libro que incluía las estremecedoras,
formidables, siniestras, locas ilustraciones
de Gustavo Doré, y que justificaba
por eso su existencia, porque era una edición

vulgar, sin interés, de esas que sobreabundan
en los expositores de los VIPS. (Recordé
haber leído también la traducción francesa,
hecha por Mallarmé, del poema de Poe,
y fui en su busca. Nada. Ni rastro de ese libro:
lo había extraviado para siempre jamás).

Tuve que conformarme con la edición de Dover
y sus extraordinarias estampas de Doré.
Fui pasando las páginas como si aquello fuese
un incunable, absorto en las estrofas mágicas
de aquel a quien Ramón llamó «genio de América»
en una biografía exquisita y absurda
que publicó en Losada hace un montón de años
y que tuve y no tengo manera de encontrar.
(No sé qué harán ustedes cuando pierden un libro:
yo me sumo en un pozo de oscuridad atroz).

Basta de digresiones. Les contaba que un día
—una noche, más bien— de un gélido diciembre,
me encontraba sentado en un sillón de orejas,

rodeado de libros, solísimo en el mundo,
hojeando *The Raven*, el poema de Poe,
en una edición ruin a la que rescataba
del desastre Doré. Pues bien, seguí leyendo
en voz alta y despacio, paladeando las sílabas,
la inigualable música con que engarza el poeta
las perlas de su duelo y de su malestar.

En las noches de insomnio las sombras tienen alas,
como el cuervo de Poe. Vienen desde muy lejos
a anunciarnos que nunca volveremos a ver
a nuestra amada muerta, por mucho que busquemos
en las fotografías de entonces, en las calles
de Madrid, despojadas de sus ovulaciones
y sus cambios de humor, de su tibia dulzura
(cuando la desplegaba), de sus ojos (¡sus ojos!),
de sus delicadísimas orejas de soplillo,
de su tierno, silvestre, nutricio corazón.

En las noches insomnes de diciembre —el catorce
murió— las sombras tienen alas negras de cuervo

Boris Karloff y Bela Lugosi
en *El cuervo* (1963),
de Roger Corman.

que invitan a viajar por el espacio libre,
por ese cielo azul que no es azul ni es cielo
(que diría Argensola), y surcar las etéreas
salas rumbo a la playa donde tanto lloramos
una tarde de agosto, sintiéndonos vencidos
por el amor y por sus trágicas ficciones,
indefensos, inermes ante las crueldades
del deseo, juguetes en manos del azar.

Pero no solo hubo llanto y desvalimiento.
Recuerdo aquella torre frente al mar como un símbolo
de la complicidad. Desnudos como ángeles
triunfantes, en los muros del desván escribíamos
frases como «El invierno de nuestra desventura
se ha transformado en un maravilloso estío»,
«La ciudad es mi selva», «Yo voy mucho más rápido
que tú, mucho más lejos», «Ama y haz lo que quieras»,
«Todos esos momentos acabarán perdiéndose
como lágrimas en la lluvia», «¿Quién soy yo?».

Con qué las escribimos no lo sé. ¿Fue con sangre?
La verdad es que ambos teníamos de sobra
para dar y tomar. Luego tú acabarías
vaciándote de todo. «Estaba tan oscuro
que me bañé en tu luz». «En mi cuarto he colgado
los retratos de otras porque no tengo el tuyo».
Y las cartas, las cartas, obsesivas y tórridas,
avivando la hoguera de la pasión, quemando
los bosques a su paso e incendiando las mieses.
Aquellas cartas-bomba que no sé dónde están.

Montaigne hizo pintar en las vigas del techo
de su castillo, cerca de Burdeos, las frases
que le habían gustado más. Tú me lo contaste
en una carta ardiente, suspicaz, quebradiza,
donde, además de sexo, me dabas argumentos
para justificar las paredes pintadas
del desván, en la torre de nuestras entelequias,
cuando éramos felices y aún no habías cruzado
el espejo maldito, dejándome sin brújula,
sin *Lebensraum*, sin norte, sin aire, sin amor.

En las noches de insomnio me invade tu perfume
como una vaharada fantasmal, y lo aspiro
como si fuera polvo de silencio y de ruina
y, a la vez, como un tiro de insondable placer
que, como el *Ewigweiblich* de Goethe, me conduce
al cielo, donde tú vives eternamente
y donde viven tipos como Borges y Tolkien,
y Shakespeare y Alex Raymond, y Hawks y Milton Caniff,
y Stevenson y Ariosto, y Potocki y Cazotte,
y chicas como Mae West y Hedy Lamarr.

Ha llegado la hora, en esta noche helada
en que solo me tiende la mano el viejo Poe,
de salir de este pozo de soledad. Al cabo,
como dijo Izaac Walton, «buena ha sido la juerga
que no obliga a mirarse con vergüenza unos a otros
la mañana siguiente». Y así fue nuestro baile,
al ritmo del tam-tam de los pigmeos *bandar*
de la Selva Profunda. Una danza de muerte
y destrucción y, al tiempo, un sutil bamboleo
al compás protector de la imaginación.

En la primera lámina de Doré se distingue
a un hombre devorado por unos cortinajes
que intenta descorrer y que operan a modo
de telón de teatro, con un cartel arriba,
a la izquierda, que pone *Nevermore*, y en la parte
derecha, un esqueleto y un cuervo con las alas
desplegadas. En tales disecciones me hallaba
cuando el cuervo saltó del papel a mis brazos,
en busca de emociones nuevas, pues se aburría
mortalmente en el libro. Y graznó: *Nunca más*.

[*El reino blanco*, 2010]

En 1963, Roger Corman volvió a engancharnos al
viejo Poe. Vincent Price, Peter Lorre, Boris Karloff...,
en colores de tonalidad cosecha, cortinas burdeos,
sillones de oreja de cuero negro y suaves *travellings*,
nos mostraron la vida en sombras, el insomnio y los
peligros de diciembre. No olvidemos que Corman
—como Edgar— tenía rayos X en los ojos.

Voy a escribir un libro

Voy a escribir un libro que hable de las (poquísimas)
mujeres de mi vida. De mi primera novia,
que me enseñó el amor y las puertas secretas
del cielo y del infierno; de Isabel, que se fue
al país de los sueños con el pequeño Nemo,
porque aquí lo pasaba fatal; de Margarita,
recordando unos *jeans* blancos y unos lunares
estratégicamente dispuestos; de Ginebra,
que dejó a Lanzarote plantado por mi culpa
y fundó una familia respetable a mi costa;
de Susana, que sigue tan guapa como entonces;
de Macarena, un dulce que me amargó la vida
dos veranos enteros; de Carmen, que era bruja
y veía el futuro con ojos de muchacho;

de la red que guardaba los cabellos de Paula
cuando me enamoré de su melancolía;
de Arancha, de Paloma, de Marta y de Teresa;
de sus besos, que izaron la bandera del triunfo
sobre la negra muerte, y también de su helado
desdén, que recluyó tantas veces mi espíritu
en la triste mazmorra de la desesperanza.
Voy a escribir un libro que hable de las mujeres
que han escrito mi vida.

[Por fuertes y fronteras, 1996]

● Teresa tenía la cara de Pier Angeli, ¿verdad?

Ave María

Digo EL Ave María en voz alta, de noche,
desafiando las sombras. «Dios te salve, María,
llena eres de gracia, el Señor es contigo»
(al llegar a este punto, me sube a la garganta
un nudo de fe tibia que me da la entereza
y el temple necesarios para seguir viviendo).
Bendita tú, María, entre todas las diosas
que habitan en el cielo de nuestro desamparo.
Y bendito sea el fruto de tu vientre.

[*Por fuertes y fronteras*, 1996]

🍂 Eso lo siento yo todos los veranos en la capilla
de Guadalmina Baja, que es una combinación per-
fecta entre Le Corbusier y los *westerns* de Leone.

Bébetela

DILE COSAS BONITAS a tu novia:
«Tienes un cuerpo de reloj de arena
y un alma de película de Hawks».
Díselo muy bajito, con tus labios
pegados a su oreja, sin que nadie
pueda escuchar lo que le estás diciendo
(a saber, que sus piernas son cohetes
dirigidos al centro de la Tierra
o que sus senos son la madriguera
de un cangrejo de mar, o que su espalda
es plata viva). Y cuando se lo crea
y comience a licuarse entre tus brazos,

no dudes ni un segundo:
bébetela.

[*Sin miedo ni esperanza*, 2002]

☛ Lo ideal sería con un Gin Fizz de esos
que sirven en la Rotonda del Hotel
Palace y que tanto le gustaban a Julio
Camba.

Estoy aquí

Estoy aquí, mi amor, estoy aquí,
velando tus naufragios en las noches
en que nadie responde, en las heladas
madrugadas vacías, en las tardes
de desesperación y de locura.
Pon en duda, si quieres, que la Tierra.
gire en el desolado precipicio
del espacio infinito alrededor
del Sol, o que los astros sean fuego,
o que el amargo río de la vida
desemboque en la muerte. Pero nunca
dudes de que, en la fiebre del fracaso
o en la sed de la angustia, en el abismo

de la ansiedad y del desasosiego,
estoy aquí, amor mío, estoy aquí.

Aunque tú no me veas ni me oigas.

[*Sin miedo ni esperanza*, 2002]

❧ Como en *Ghost*.

Star Wars (1977)

Hace ya tanto tiempo que no puedo acordarme,
pero sé que ocurrió. No sé dónde. En galaxias
improbables, difusas. Acaso en mi cerebro
tan solo. No recuerdo ni el tiempo ni el lugar,
pero pasó. Las cosas importantes que pasan
parecen no pasar. Una chica muy pálida
venía de algún astro a jugar en tu sueño
contigo: era tu amiga, la que se fue de viaje
por el cielo, y volvía para no abandonarte
nunca más. Sonreía como una aparición
surgida de las páginas de una novela gótica
y, a la ve:z, como un hada de los hermanos Grimm.
Se hacía llamar Leia en nuestros juegos. Leia
Organa, para ser más precisos. Un nombre

que sonaba a romance galáctico, a balada
espacial, a cantar de gesta del futuro.
Un nombre que sabía a chicle americano
y a bolsa de patatas fritas en el descanso
de una doble sesión de cine, y a caricias
desmañadas, y a celos, y a promesas de amor.
Hace ya tanto tiempo que no puedo acordarme,
pero sé que ocurrió. Y sé que a la princesa
Leia irán dirigidas mis últimas palabras
cuando la luz se apague, y que repetiré
su nombre en mi agonía (como sí Ella tuviese
un nombre) antes de hundirme en la noche total.

[*La vida en llamas*, 2006]

🕊 Cierto. Sus nombres sabían a chicles Bazooka.

Patinir,
El paso de la laguna Estigia

para Enrique Baquedano

DE NIÑO, en mis primeras visitas al Museo
del Prado, me impactó de manera especial,
junto a la obra del Bosco, esta lección de *fantasy*
del genial Patinir: una auténtica *summa*
de narrativa *pulp*. Por no hablar de la forma
en que fuera pintado, de sus maravillosos
azules, de los verdes que circundan la tabla,
del infierno que acecha al otro lado, con
Cerbero preparando sus insaciables fauces
para engullirnos una y otra vez de un bocado
a todos por los siglos de los siglos. Amén.

[*Ala de Cisne*, 2025]

🐦 Mira lo que te digo: prefiero entendérmelas con Cerbero antes que subirme a la embarcación que se dirige a la Isla de los Muertos, junto a esa enigmática mujer y ese barquero que asustaría al mismísimo *Nosferatu* de Murnau.

Memorabilia

QUÉDATE, VIDA MÍA, con el agua,
que es tu elemento, y déjame la tierra
para mí. En cuanto al fuego, no me importa
que te lo quedes para siempre; el mío
se apagó sin remedio. Y qué decirte
del aire: pues que todo para ti,
como el sur, como el este y el oeste
(el norte es mío, no hay que darle vueltas,
te guste o no te guste). Y del bikini
amarillo, comido por las moscas,
que tanto me gustaba, no se hable
más: se viene conmigo, a mi museo
de residuos, jumo al esparadrapo
que te puse en la boca aquella vez

en que decías la verdad, la máscara
de negrita zumbona, el abanico
con que te protegías del calor
que hacía en el infierno, la sonrisa
feliz y tonta que le arrebataste
a tu oso de peluche y la uña rota
que me diste una noche de tormenta.
Solo quiero esos míseros despojos
después de la batalla. Y que la nieve
me cubra con su manto, hecho de olvido.
Y que el silencio eterno me ilumine.

[*La vida en llamas*, 2006]

Me trae recuerdos de *Solaris*, novela y película.

Soleá

QUÉ DIFÍCIL es morirse
después de oler el perfume
de tus manos en el cine.

[*El otro sueño*, 1987]

 Otro Hopper, hermano gemelo
del *New York Movie*.

Fe de erratas

TE MENTÍ, vida mía. Donde dije
«te quiero», pon «te quiero con locura».
Donde dije «me muero por tus huesos»,
quise decir «me muero por tu carne».
Donde dije «lo nuestro es para siempre»
debí decir «lo nuestro es donde nunca»,
en un mundo en que no mueren las rosas,
en un mundo de fe, libre de erratas.

[*La vida en llamas*, 2006]

🐦 Exactamente en *Brigadoon*.

Radiografía de la ausencia

Así MI CORAZÓN: montes pelados,
agua tibia de mar, casas muy blancas
(como alquerías africanas: Túnez,
desembarco en los Gelves, un guerrero
con antifaz), así mi corazón.
Vuelvo a aquellos momentos esenciales
de mi vida, en la tienda de don César,
buscando aquel tebeo, *En territorio
tunecino*, que nunca aparecía
entre las pilas de tebeos: pulcra,
sagrada multitud. Vuelvo al aroma
de la tinta impregnando las cubiertas
inolvidables. Vuelvo a la zozobra
de no encontrar lo que mi adolescente

soledad precisaba. Y no consigo
palabras que describan ese viaje
de vuelta a un no-lugar en que cabalgan
los tres hermanos Kir. Oigo los cascos
de sus caballos a lo lejos. «¡Agua,
por compasión!», musita un moribundo
(los Kan han dado fuego a las aldeas
de alrededor). Y Osmín destapa el odre
que lleva en su montura y se aproxima
al hombre agonizante. «¡Bebe, hermano!
Esta es el agua que no existe, el agua
que no calma la sed». (En el desierto
circundante, Basilio Diyenís
acaba de violar a una amazona
y no sabe qué hacer con su cadáver).
Como esa foto de-alquerías blancas
y montes despiadados y desnudos:
así mi corazón.

[El reino blanco, 2010]

🖝 «Obtenida la información deseada, el enmascarado aturde al tunecino». Primero, recorté la viñeta en blanco y negro; luego, la amplié y, después, la pegué a un aglomerado de fina madera. Por último, la enmarqué. Pero no he podido hacer lo mismo con *Radiografía de la ausencia*. Son 32 renglones. Superan la medida de los *affiches* habituales. Bien que lo siento.

Paseo vespertino

para Alicia

Tú y yo, AMOR, a caballo, por las suaves
laderas de un crepúsculo dorado
que vira a negro, tú y yo, luces tibias
frente a la oscuridad que va anegando
esta parre del mundo, rienda suelta,
sendos halcones en los puños, campo
a través, contra el tiempo de la muerte,
a favor de la vida y del verano,
contra cerrojos, contra cicatrices,
contra el silencio, contra el desamparo,
contra esos templos donde se refugian,
ávidos de mentiras, los malvados,
tú y yo solos en busca de emociones,
medievales y eternos, a caballo,

rumbo a ninguna parte, mientras brota
la orquídea de la noche a cada tranco
y queda atrás, hundiéndose en el polvo,
la borrosa silueta del ocaso,
tú y yo por los países de la bruma,
picando espuelas, dos enamorados
que unen sus corazones en la fronda
donde alumbran, gloriosos, los relámpagos,
y cabalgan oscuros por lo oscuro,
como un rey y una reina destronados.

[*El reino blanco*, 2010]

🖝 Nada más escuchártelo, te dije: «Preséntalo al
Premio Manuel Alcántara de Poesía. Lo gana-
rás». Y lo ganaste. Es tan hermoso como el
Paseo por el amor y la muerte de Huston.

Me acuerdo de…

ME ACUERDO DE los *aurea dicta* de Borges
que me contaba Marcos Barnatán.
Me acuerdo de la tienda de tebeos que había
en Hermanos Miralles hace cincuenta años.
Me acuerdo de Dale Arden de espaldas, embutida
en un traje de noche deslumbrante.
Me acuerdo de las viejas láminas de Araluce,
vistas al alimón con una prima rubia
que vivía en Barcelona.
Me acuerdo del pelmazo de Proust
siempre que desayuno magdalenas.
Me acuerdo de que Rita Macau nunca llevaba
el *Lacoste* con el cuello levantado.
Me acuerdo de Jacqueline Sassard

en *Los Titanes*, una coproducción francoitaliana
que me encantó de niño.
Me acuerdo de que un profe del colegio
nos dio una charla sobre el *Macbeth* de Shakespeare
copiada, letra a letra, de Víctor Hugo.
Me acuerdo de que a Álvaro, para que no llorase
y se durmiese pronto, le leía
La canción del pirata de Espronceda
en la edición romántica de la imprenta de Yenes.
Me acuerdo de que Inés,
cuando era muy pequeña,
quería ser Dorita, la de *El mago de Oz*,
y tener un perrito como Totó.
Me acuerdo de mi madre a todas horas.

[*Cuaderno de vacaciones*, 2014]

❧ *Amarcord…* que significa «macuerdo».

Contigo

Viajar a Marte
o al cuarto de la plancha.
Pero contigo.

[*La vida en llamas*, 2006]

Viaje a las estrellas. Sin duda,
L. A., uno de tus mejores regalos
a la afición.

Esos MONTES gemelos
que, bajo tu garganta,
son ya volcanes ebrios, y enloquecen,
y sepultan imperios.

[*La mujer y el vampiro*, 2010]

☙ La primera vez que reparé en esos montes
gemelos fue viendo *Juntos hasta la muer-
te*, maravilla de Walsh con Virginia Mayo
y Joel McCrea, cine Narváez, año 1952.
Esa noche en la cama, pensé:

Virginia Mayo,
cómo se movían sus tetas
a caballo.

Durandarte

Rolando, a quien se suele
llamar Roldán en castellano, vuelve
a mi vida (si vuelve lo que nunca
se fue). Y vuelve con fuerza este verano
a defender su muerte ante las hordas
sarracenas, después de pelear
como un león herido,
negándose a tañer el olifante
a su debido tiempo y dedicando
a su mítica espada las palabras
últimas de su vida.
Hace cincuenta
años me parecía un desatino
—lo escribí en un poema—

que Rolando pensara en una espada
y no en Alda, su novia,
poco antes de morir.
Medio siglo más tarde,
pienso que hizo muy bien.
Nada ni nadie puede compararse
con una espada como la del héroe
caído en Roncesvalles. Una espada
tinta en sangre enemiga y con un nombre
tan sonoro, tan claro, tan bruñido
como el de Durandarte.

[*Ala de Cisne*, 2025]

☙ También nuestro Guerrero del Antifaz pensaba
más en su espada que en la Condesita de Torres.

Mantegna,
El tránsito de la Virgen

para Genoveva de Cuenca

Belliniano y bellísimo, lo eligió Eugenio d'Ors
como cuadro a salvar de un incendio hipotético
en el Museo del Prado. Es puro surrealismo
(como lo es también Piero della Francesca,
de quien, para desdicha nuestra, nada tenemos
en el Prado). Felipe IV se hizo con él
cuando se subastaron los bienes del rey Carlos
I de Inglaterra, a mediados del siglo
XVII. Desde esa fecha *El tránsito* nutre
nuestra imaginación, fecunda nuestro espíritu
y nos hace soñar con nuestra Madre eterna.

[*Ala de Cisne*, 2025]

Ahora me explico que te guste tanto (a mí también)
Joe Mantegna en *El padrino*, parte III.

Sueño de Gimferrer

PULSÉ EL BOTÓN de un piso inexistente
y besé a Nelly nada más cerrarse
las puertas claustrofóbicas de aquel
ascensor iniciático. Flotábamos,
levitando en el aire enrarecido
de la cabina que nos albergaba,
y flotar era entonces nuestra única
urgencia. Continuamos nuestro viaje
hasta que me di cuenta de que el mar
amniótico donde nos besábamos
se había convertido en una hoguera
donde ardían los restos de un caudillo
vikingo. Pese a todo, continué
besando a Nelly, con los pocos restos

que me quedaban de respiración.
El ascensor, entonces, bruscamente,
se detuvo. Sus puertas se entreabrieron.
Miré a mi alrededor: Nelly no estaba
y de la hoguera no quedaba rastro.
Frente a mí solo había una cabina
telefónica y, dentro, Gimferrer.

[*Ala de Cisne*, 2025]

 No eches en saco roto que, junto a
Pere, siempre está Béla Tarr.

Releer

HE VUELTO A SUMERGIRME en la lectura
de los libros de siempre, de mis libros
favoritos, aquellos que me hicieron
feliz y que jamás me defraudaron.
Cuántas lecturas de los mismos libros
a través de las últimas seis décadas...
Recordar cada *plot*, cada escenario,
las citas memorables, las anécdotas
que funden su lectura con la vida...
Algo tan milagroso para mí
como que Arit pudiera regresar
del país de los muertos.
Sienta bien releer. Me gustaría
tener tiempo de hacerlo varias veces

antes de rendir cuentas ante Anubis
y compañía (buena gente todos).
Un año consagrado a Homero y Shakespeare.
Otro año a Potocki y Valle-Inclán.
Otro a Jack London, Stevenson y Borges.
Un cuarto dedicado íntegramente
a releer tebeos: los tomazos
de Pinocho que fueron de mis padres,
Krazy Kat, *Little Nemo*, *Thimble Theatre*,
los *Tarzanes* de Foster y de Hogarth...
Cuatro años pido para releer
los viejos libros de mi juventud.
Y cuando pasen esos cuatro años
pediré a la divina Providencia
otros cuatro, a la espera de que Anubis
entre en mi habitación (a ser posible,
mientras yo esté dormido)
y me conduzca al reino de los libros
que no pueden leerse ni releerse
porque tienen las páginas en blanco.

[*Ala de Cisne,* 2025]

❧ Ahí te veo, al lado de Bradbury, Truffaut y el resto de los hombres-libros, recitando *El aleph* en el bosque nevado.

El almendro y la espada

HACE CUARENTA AÑOS, cuando las calabazas
hablaban, encontré en casa de mis padres
El almendro y la espada, un libro de Foxá.
La más alta poesía que surgió de su pluma
figura en esas páginas, a las que siempre vuelvo
con fe y con ilusión a la hora del desánimo
ante el aburrimiento lírico circundante.
Porque la poesía no ha de ser un tedioso
festín esencialista e incomprensible para
los miembros de una secta, sino una fiesta alegre
y comunicativa donde quepamos todos
los hombres y mujeres del planeta. Y es eso
lo que aprendí en las páginas de *El almendro y la espada*.

[*El reino blanco*, 2010]

Foxá vivía en Ibiza 1, esquina a Menéndez Pelayo. Muchas noches, cuando íbamos al cine Ibiza, que estaba justo enfrente, mi padre me señalaba a don Agustín, tan grueso como *Gordito relleno*. A veces lo veíamos salir del portal y tomar un taxi. «Es un poeta, un autor teatral y un escritor muy bueno», decía mi padre. Y repetía: «Muy bueno, de los mejores».

Shakespeare y Rita

LEER A WILLIAM SHAKESPEARE y conocer a Rita
han sido los dos hechos cruciales de mi vida.

Ahora solo me queda Shakespeare. Rita se fue
al país de las sombras y no sabe volver.

Quand on est jeune, on a les matins triornphants.
No se puede negar que es un verso genial.

Yo era joven entonces, y mis mañanas eran
tan victoriosas corno la alergia en primavera.

Corno había sacado matrícula en reválida,
mis padres me compraron la traducción de Astrana.

Y en ella leí al viejo Will, con su papel biblia
y sus cortes pintados y demás maravillas.

De todo su teatro me quedo con *Macbeth*.
Lo del «ruido y la furia» nunca lo olvidaré.

Aunque también me gusta mucho *La tempestad*,
y de sus personajes prefiero a Calibán.

De las chicas de Shakespeare, apuesto por Ofelia.
Entre otras cosas, porque Rita era igual que ella.

De Shakespeare aprendí que todo son palabras.
De mi primer amor, que todo vale nada.

[*El reino blanco*, 2010]

🖝 Me encanta *La tempestad* en la versión
de *Planeta prohibido*.

El abrazo

ME DIO un abrazo corto, pero intenso,
de esa clase de abrazo que se siente
hasta en las uñas de los pies, un salto
mortal hacia la vida, una caricia
incandescente de esas que no duran
pero que queman, algo repentino
y fugaz, un abrazo que podría
darse sin brazos, porque pertenece
a la categoría del conjuro
y no a la escala de los achuchones.
Recibir un abrazo así, de cuando
en cuando, es una prueba irrefutable

de que la vida a veces te regala
argumentos contra la soledad.

[*Bloc de otoño*, 2018]

❧ Más que un abrazo, te premió con
El beso de Rodin, que siempre fue un
abrazo «a tornillo» contra la soledad.

Cuando pienso en los viejos amigos

CUANDO PIENSO en los viejos amigos que se han ido
de mi vida, pactando con terribles mujeres
que alimentan su miedo y los cubren de hijos
para tenerlos cerca, controlados e inermes.

Cuando pienso en los viejos amigos que se fueron
al país de la muerte, sin billete de vuelta,
solo porque buscaron el placer en los cuerpos
y el olvido en las drogas que alivian la tristeza.

Cuando pienso en los viejos amigos que, en el fondo
del mar de la memoria, me ofrecieron un día
la extraña sensación de no sentirme solo
y la complicidad de una franca sonrisa...

[*Por fuertes y fronteras*, 1996]

Aquella mirada de Paul Naschy al poco de regresar de Japón y de la India, ¿te acuerdas?, donde tenía tantos admiradores, donde le querían lo mismo que a Karloff, Lugosi o Christopher Lee. En cambio, aquí… se quejaba de que nadie le llamaba para hacerle entrevistas en la radio o la televisión o en los periódicos… Algo que aliviara su tristeza.

Nausícaa

EL MAR DE HOMERO ríe para ti,
que te acodas desnuda en la baranda
en busca de aire fresco, con la copa
de néctar en la mano, mientras vienen
y van los invitados por la fiesta
que has dado en el palacio de tu padre.
El aire puro inunda tus pulmones
y el néctar se te sube a la cabeza.
Llega entonces el hombre de tu vida
a la terraza. Es una hermosa mezcla
de fortaleza y de sabiduría.
Ulises es su nombre. Tú no ignoras
que pasará de largo. Ya soñaste
su desdén tantas veces... Pese a todo,

el brillo de tus ojos insinúa:
«No me canso de verte». Y tus oídos
reclaman: «Háblame, dame palabras
para vivir». Y con el sexo dices:
«Dueño mío, haz de mí lo que te plazca».
Todo es entrega en ti, dulce Nausícaa.
Pero él está aburrido de la fiesta,
perdido en el recuerdo de su patria,
y no se fija en ti, ni en ese cuerpo
de diosa acribillado de mensajes
que nunca llegarán a su destino.

[*El hacha y la rosa*, 1993]

☜ Nunca entendí que Kirk abandonara a
Nausícaa Podestà por Penélope Mangano.

La mujer de mis sueños

AFRODITA SIN VELOS, Diana cazadora,
sultana de Bagdad y castellana
de época carolingia: una mezcla
explosiva que, para Chateaubriand,
entre los dieciséis y los dieciocho años,
cuando aún vivía en el castillo de Combourg,
suponía la imagen ideal de mujer.
Cuánta sensualidad adolescente
revela esa elección.
A mí me basta ahora,
a los sesenta y uno,
con la cuarta del lote: la dama carolingia.
Una marquesa viuda, por ejemplo,
con castillo en el *limes* oriental,

rodeada de fieros magiares y sajones,
amiga de los perros y de las cacerías,
devota de bufones y juglares
y bien relacionada —eso sí— con la corte
de Aquisgrán. No me importa
que ronde los cuarenta,
que haya perdido dientes y dureza de carnes,
que ya no sea fértil.
Pero debe tener unos cabellos rubios
tachonados de plata, y unos ojos
grises como la niebla, y unas manos
fuertes y delicadas a la vez,
hechas para el telar, la caricia o la guerra.
Y saber de memoria
el *carmen* que Angilberto dedica a Carlomagno.

[*Cuaderno de vacaciones*, 2014]

⸲ Amigo, la magia de los sueños, como la mujer
de la vida, siempre es de otro.

96

Verano azul

Con tus gafas azules y tu bikini azul,
bajo un cielo azul-Francia que transforma el océano
en una masa de agua ultramar, se me ocurre
que no hay ningún color que pueda compararse
con el que da sentido a tu ser en el mundo
en esta hora estival, y que solo hay un modo
de definir tu azul y el azul que te envuelve,
y es hablar de otro tipo de color que no existe
en las enciclopedias: el azul-vacaciones.
En nombre de ese azul, qué azulea tus ojos
desde las exclusivas gafas que los protegen,
gracias por existir, novia mía, por darme
razones para no detestar el verano

y por teñir de azul el horizonte gris
de mi vida, inundando de miradas azules
un mes de agosto azul, feliz, tierno, distinto.

[*Bloc de otoño*, 2018]

El azul vacaciones es un azul más alegre que
el azul Nivea. Está a medio camino entre el
azzurro de la camiseta del Italia y el celeste
de la Selección de Uruguay.

Sueño de Jorge Juan

ACABO DE SOÑAR con la que fue mi casa
durante más de veinte años, que casualmente
estaba en una calle que aún se llama así.
Con Martín, el sereno, que, empuñando su chuzo,
surgía de la noche para abrirme la puerta
cuando llegaba tarde. Con los buenos amigos
que más veía entonces: José Luis Chousa, Paco
Salas, los camaradas de aquella adolescencia
que pasé en Jorge Juan. Y con Rita Macau
y sus ojos de gata montés, que se quedaron
prendidos en mi alma para siempre jamás.
Rita salía mucho en el sueño. Volvíamos
juntos a Jorge Juan. Era tarde, muy tarde,
casi de amanecida. Nadie abría la puerta.

Mi madre, en un balcón, agitaba un pañuelo
y gritaba: «¡No entréis! ¡La casa está embrujada!
¡Salvaos mientras podáis! ¡Huid de Jorge Juan!».
Y desaparecía. Supe entonces que nunca
volvería a la casa de mis primeros años,
que nunca volvería a ser feliz en ella
ni a descubrir la vida y el mundo en su interior.
Y supe, sobre todo, que Rita ya no estaba
junto a mí, que se había disuelto en el vacío
con las primeras luces del alba. Y desperté.

[*Bloc de otoño*, 2018]

🐦 Conocí la casa embrujada de Jorge Juan. Fui a algún
guateque con tu hermana. Y, sí, algo de *poltergeist*
bullía por allí. Una tarde de mayo, mientras bailaba
Patricia, de las Hermanas Benítez, con M. perdí un
mechero muy bonito, un «Zippo plateado» que me
había regalado otra Rita Macau con ojos de gata
montés y jamás volví a verlos, ni al mechero ni a M.

Soneto del amor de oscuro

LA OTRA NOCHE, después de la movida,
en la mesa de siempre me encontraste
y, sin mediar palabra, me quitaste
no sé si la cartera o si la vida.

Recuerdo la emoción de tu venida
y, luego, nada más. ¡Dulce contraste,
recordar el amor que me dejaste
y olvidar el tamaño de la herida!

Muerto o vivo, si quieres más dinero,
date una vuelta por la lencería
y salpica ru piel de seda oscura.

Que voy a regalarte el mundo entero
si me asaltas de negro, vida mía,
y me invaden tu noche y tu locura.

[*El otro sueño*, 1987]

☙ *Perdición*. Barbara se compra toda la ropa
interior y el perfume en una tienda de
Ensenada, a dos pasos de Los Angeles.

Mal de ausencia

DESDE QUE TÚ TE FUISTE, no sabes qué despacio
pasa el tiempo en Madrid. He visto una película
que ha terminado apenas hace un siglo. No sabes
qué lento corre el mundo sin ti, novia lejana.

Mis amigos me dicen que vuelva a ser el mismo,
que pudre el corazón tanta melancolía,
que tu ausencia no vale tanta ansiedad inútil,
que parezco un ejemplo de subliteratura.

Pero tú te has llevado mi paz en tu maleta,
los hilos del teléfono, la calle en la que vivo.
Tú has mandado a mi casa tropas ecologistas
a saquear mi alma contaminada y triste.

Y, para colmo, sigo soñando con gigantes
y contigo, desnuda, besándoles las manos.
Con dioses a caballo que destruyen Europa
y cautiva te guardan hasta que yo esté muerto.

[*El otro sueño*, 1987]

◄ Ante ese mal de ausencia, es decir, mal de
amores, la única solución era acudir más a
Balmoral.

La malcasada

a Jon Juaristi

ME DICEN QUE JUAN LUIS no te comprende,
que solo piensa en sus computadoras
y que no te hace caso por las noches.
Me dices que tus hijos no te sirven,
que solo dan problemas, que se aburren
de todo y que estás harta de aguantarlos.
Me dices que tus padres están viejos,
que se han vuelto tacaños y egoístas
y ya no eres su reina como antes.
Me dices que has cumplido los cuarenta
y que no es fácil empezar de nuevo,
que los únicos hombres con que tratas
son colegas de Juan en IBM
y no te gustan los ejecutivos.

Y yo, ¿qué es lo que pinto en esta historia?
¿Qué quieres que haga yo? ¿Que mate a alguien?
¿Que dé un golpe de estado libertario?
Te quise como un loco. No lo niego.
Pero eso fue hace mucho, cuando el mundo
era una reluciente madrugada
que no quisiste compartir conmigo.
La nostalgia es un burdo pasatiempo.
Vuelve a ser la que fuiste. Ve a un gimnasio,
píntate más, alisa tus arrugas
y ponte ropa sexy, no seas tonta,
que a lo mejor Juan Luis vuelve a mimarte,
y tus hijos se van a un campamento,
y tus padres se mueren.

[*El otro sueño*, 1987]

● *Kramer contra Kramer*. Cambiar Central Park
por El Retiro, y poco más.

El olvido

Lo OLVIDÉ. Por completo. Para siempre
(o eso creía entonces). Me cruzaba
con ella por la calle y no era ella
quien se paraba ante un escaparate
de ropa deportiva, no era ella
quien compraba el periódico en un quiosco
y se perdía entre la muchedumbre.
Como si hubiera muerto. No era ella.
Su nombre era el de todas las mujeres.

[*El hacha y la rosa*, 1993]

◂ Eso le pasaba a Cary Grant en *Tú y yo*,
en Cinemascope y color by Deluxe.

El desayuno

ME GUSTAS CUANDO dices tonterías,
cuando metes la pata, cuando mientes,
cuando te vas de compras con tu madre
y llego tarde al cine por tu culpa.
Me gustas más cuando es mi cumpleaños
y me cubres de besos y de tartas,
o cuando eres feliz y se te nota,
o cuando eres genial con una frase
que lo resume todo, o cuando ríes
(tu risa es una ducha en el infierno),
o cuando me perdonas un olvido.
Pero aún me gustas más, tanto que casi
no puedo resistir lo que me gustas,
cuando, llena de vida, te despiertas

y lo primero que haces es decirme:
«Tengo un hambre feroz esta mañana.
Voy a empezar contigo el desayuno».

[*El hacha y la rosa*, 1993]

➤ *Woman in bath, 1963* es la chica que te
hace llegar tarde al cine, envuelta en pun-
tos Ben-Day.

Amour fou

LOS REYES SE ENAMORAN de sus hijas más jóvenes.
Lo deciden un día, mientras los cortesanos
discuten sobre el rito de alguna ceremonia
que se olvidó y que debe regresar del olvido.
Los reyes se enamoran de sus hijas, las aman
con látigos de hielo, posesivos, feroces,
obscenos y terribles, agonizantes, locos.
Para que nadie pueda desposarlas, plantean
enigmas insolubles a cuantos pretendientes
aspiran a la mano de las princesas. Nunca
se vieron tantos príncipes degollados en vano.

Los reyes se aniquilan con sus hijas más jóvenes,
se rompen, se destrozan cada noche en la cama.

De día, ellas se alejan en las naves del sueño
y ellos dictan las leyes, solemnes y sombríos.

[La caja de plata, 1985]

🖜 Los Reyes solo son buenos en el mus.

Conversación

CADA VEZ que te hablo, otras palabras
escapan de mi boca, otras palabras.
No son mías. Proceden de otro sitio.
Me muerden en la lengua. Me hacen daño.
Tienen, como las lanzas de los héroes,
doble filo, y los labios se me rompen
a su contacto. Y cada vez que surgen
de dentro —o de muy lejos, o de nunca—,
me fluye de la boca un hilo tibio
de sangre que resbala por mi cuerpo.
Cada vez que te hablo, otras palabras
hablan por mí, como si ya no hubiese
nada mío en el mundo, nada mío

en el agotamiento interminable
de amarte y de sentirme desamado.

[*La caja de plata*, 1985]

 Buena traducción de *La conversación*,
de Coppola.

Beatriz

BEATRIZ SE HA MATADO. Dejó cartas absurdas
con recomendaciones y sarcasmos estúpidos.
Lo consiguió por fin, y me alegro por ella:
sufría demasiado. En la autopsia el forense
desmenuzó su cuerpo y encontró dentelladas
cerca del corazón y a la altura del pubis.
No hay luz en la buhardilla de Zurbano. El silencio
pasea su victoria sobre las papelinas
ocultas en el libro de Arcimboldo, y la muerte
ha llenado la casa de paz y de goteras;
sigue abierto un tebeo de Corran por la página
en que matan a Bélit, y otro de Gwendoline
con manchas de carmín en las dulces heridas.

Beatriz ha dejado de molestar. Sus ojos
ya no arrojan al mar residuos radiactivos.

[*La caja de plata*, 1985]

A Lulú la mató Jack en una buhardilla de Whitechapel. La cosa es que Bea no ha podido soportar la última ausencia de Fausto y en la buhardilla de Serrano, que olía a carmín y marihuana, apretó el *off* y se largó con Mr. Jordan.

La mentirosa

Tienes hora para ir al ginecólogo,
te duele la cabeza, te ha sentado
algo mal o preparas un examen,
es el santo de Marta, los gemelos
se aburren sin salir o Macarena
te ha invitado a bañarte en su piscina...
¡Qué mal mientes, amor! Si no te gusto,
dímelo. Pensaré en un buen suicidio.
Pero si quieres verme, y tus excusas
no son más que un vulgar afrodisíaco
para que se mantenga mi deseo,
invéntate otros juegos, vida mía,
que el premio del engaño es el olvido.

[*La caja de plata*, 1985]

Ray Milland, en *Crimen Perfecto*, instaló la mentira dentro de las Bellas Artes, y todavía llegó más lejos Gene Tierney en *Que el cielo la juzgue*. Eso era mentir, engañar de verdad, y no esa bobada de cambiar de opinión.

Cuando vivías en la Castellana

Cuando vivías en la Castellana
usabas un perfume tan amargo
que mis manos sufrían al rozarte
y se me ahogaban de melancolía.
Si íbamos a cenar, o si las gordas
daban alguna fiesta, tu perfume
lo echaba a perder todo. No sé dónde
compraste aquel extracto de tragedia,
aquel ácido aroma de martirio.
Lo que sé es que lo huelo todavía
cuando paseo por la Castellana
muerto de amor, junto al antiguo hipódromo,
y me sigue matando su veneno.

[*La caja de plata*, 1985]

🍂 Costaba respirarte en las tardes de Kon-Tiki, aquella cafetería de almendritas donde nos soltamos la mano por primera vez. Culpa del perfume.

El otro barrio de Salamanca

DEBAJO DE LOS *PARKINGS* hay mundos subterráneos
que muy pocos conocen. Los habita una raza
de príncipes y reyes, de bardos y de brujos.
¡Subsuelo de las calles de Velázquez y Goya!
¡Océanos secretos de aguas centelleantes
bajo Lista y Serrano, Jorge Juan y Hermosilla!
¡Cúpulas, altas torres de ciudades de plata!
¡Palacios encantados, templos de mármol negro
debajo de la calle Don Ramón de la Cruz!
¡Odaliscas ocultas bajo las tuberías
del gas, en el asiento de la calle de Ayala!

Conozco a una doncella de ese mundo perdido
que me envía señales de humo por teléfono.
No consigue olvidar la ciencia de mis manos.

[*La caja de plata*, 1985]

Entonces el barrio se llamaba Torrijos.

Carta a los Reyes Magos

QUERIDOS REYES MAGOS, no me he portado bien
y, además, os escribo cuando no queda tiempo
para que recibáis antes de Epifanía
estas letras, de modo que no albergo esperanzas
de que podáis traerme nada de lo que os pido.
Creo que ni siquiera voy a echar al buzón
esta carta. Tan solo quiero dar rienda suelta
a ciertas fantasías, para irme desprendiendo
poco a poco de ellas y, al cabo, convertirme
en alguien *comme il faut*, que buena falta me hace.
Os pido, sobre todo, que, de una buena vez,
me traigáis un criterio fiable sobre aquello
que pensáis que es lo bueno, y sobre lo que es malo,
y sobre la verdad, y sobre la mentira,
y sobre lo que es bello, y sobre lo que es feo;

que, ahora que soy mayor y que tengo a la muerte
cada vez más a mano, tiendo a mezclarlo todo.
Y también os pregunto qué hay que hacer cuando asoma,
sin llamar, por la puerta de mi casa la jeta
de esa araña peluda que, eufemísticamente,
llaman tercera edad. Si vosotros, que estáis
instalados en ella, y sois reyes y magos,
no sabéis contestarme, ¿quién va a poder hacerlo?
Finalmente, y por dar un respiro a la angustia,
¿no podríais dejar huellas de vuestro paso
por mi cuarto de estar? Pastas mordisqueadas,
tazas vacías, barro en la alfombra, pelusas
de armiño en el estante donde tengo los libros
de Cazotte y las *Obras* de Tomás de Iriarte,
cualquier señal, cualquiera, de que existís, no importa
cuál sea esa señal. Gracias, un fuerte abrazo,
y hasta el año que viene.

[*El reino blanco*, 2010]

🖐 En casa, les dejábamos a los Magos de Oriente una copita
de anís; y el cubo de latón que había en la cocina lo
llenábamos de agua para los camellos.

El increíble hombre menguante

No sé qué es lo que pasa últimamente,
pero he dejado de protagonizar
mis sueños. Cada vez
represento un papel más secundario:
el mayordomo del protagonista,
el que prepara las bebidas de ella,
el hijo natural que apenas sale
(porque está acomplejado), el asesino
tercero (el que no habla), un transeúnte
(a quien no se ve más que de perfil),
un soldado sin nombre, un figurante
que despliega un periódico, un coreuta
suplente, cualquier cosa imperceptible
que, como aquel idiota del que se habla

en *Macbeth* (acto quinto, escena quinta),
da unos pasitos por el escenario
y vuelve a sumergirse en la tiniebla...
Cualquier día de estos, hago mutis
definitivamente por el foro
y dejo de soñarme.

[*Bloc de otoño*, 2018]

> ❧ Debido a una nube radioactiva, el héroe de
> Richard Matheson y Jack Arnold va menguando
> poco a poco hasta desaparecer en el espacio.
> Igual que nosotros en el último acto, escena final.

Dios mío

Dios mío, Tú creaste el mundo a base
de números y letras. Tú conoces
la fórmula capaz de combinarlos
para que surjan cosas de la mezcla:
cordilleras, glaciares, laberintos,
sinfonías, pirámides, sonetos,
odios, amores, paces y batallas,
catedrales, leopardos, unicornios...
Tú, que eres toda la mitología
que leí y olvidé, dame la mano,
guíame por los círculos del Hades
—donde no cabe ya ni un alfiler
y hace un calor de todos los demonios—
y enséñame las letras y los números

que, en su debida proporción, podrían
hacerme disfrutar de tu presencia,
que últimamente tanto echo de menos.

[*Bloc de otoño*, 2018]

❧ Tampoco cabía un alfiler y no paraba de llover,
y nosotros, llenos de asombro, tampoco dejá-
bamos de decir: ¡Dios mío!... aquella noche del
86 que vimos a los Rolling en el estadio del
Atleti. Y también surgieron, bajo el diluvio, uni-
cornios, amores precipitados (los mejores), sone-
tos y empezamos a echar de menos casi todo.

In illo tempore

Tus PADRES se habían ido a no sé dónde
y la casa quedó para nosotros,
lo mismo que el convento abandonado
del poema de Jaime Gil de Biedma.
Con la música a tope, preparaste
una mezcla explosiva en una jarra
mientras yo ce quitaba, dulcemente,
la ropa de cintura para arriba.
Llenaste las dos copas hasta el borde.
Bebimos. Nos entró la risa tonta,
y se nos puso un brillo en la mirada
que subrayaba nuestra juventud,
y nos besamos como en las películas,
y nos quisimos como en las canciones.

Cuando la realidad era el deseo
y nuestro reino no era de este mundo.

[Por fuertes y fronteras, 1996]

☙ Por fin, nada de cup de frutas, nada de
Ray Conniff, nada de los Indios Tabajaras…

Noche de Reyes

GACELA rubia,
vente conmigo
a la pradera
que baña el río.

Vente conmigo,
gacela blanca,
ven a los prados
de mi esperanza.

Ven de lo oscuro
del subterráneo
y tráeme el alba
con tus abrazos.

Ven escoltada
de ángeles fieros:
pechos de bronce,
piernas de acero.

De aquellos ángeles
que en el conflicto
con Dios optaron
por el abismo.

En estos prados
que el agua baña
nos besaremos
hasta en el alma.

Con nuestros besos
despertarán
la luna tímida
y el sol galán.

Y en la pradera
que baña el río
nos amaremos
ad infinitum.

[*Ala de Cisne*, 2025]

🍂 Ya era hora de que conociéramos
al padre de Bambi.

Aparición

VAGABA YO PERDIDO en mis miserias
—ínfima parte de las mezquindades
y estrecheces del mundo— cuando tú
apareciste, y de repente todo
lo que nos rodeaba se borró,
como en una película romántica,
y vi que había estrellas en tus labios
centelleando sin cesar, y supe
que me obsequiabas ese firmamento
sin pedir nada a cambio, y que en tu gloria
había sitio para mi tristeza.
De modo que instalé en tu corazón
mi tienda de campaña, y tú cerraste

con llave las ventanas de tu pecho,
y nos quedamos a vivir allí,
calentitos, felices.

[*La vida en llamas*, 2006]

☜ Dentro de una viñeta apaisada.

Besos contra la muerte

En CADA BESO con sabor a trigo,
a nieve, a reunión en torno al fuego
con que condecoramos nuestros labios,
desaparece el tiempo y se despide
de nosotros por un instante eterno.

Nuestros besos alejan a la muerte
de las calles por donde caminamos,
de la alcoba feliz donde dormimos,
del libro que leemos, y nos sumen
en la efímera gloria del deseo.

Cada canción, cada suspiro, cada
palabra que acompaña en un hilillo

de voz a nuestro beso, cada mano
que se trenza con otra en el silencio
de la noche, nos salva. No te creas

que el amor acelera la mudanza
de nuestros cuerpos hacia la aventura
terrible del abismo. Cada beso
que compartimos es, de alguna forma,
la señal del edén que nos espera.

[Ala de Cisne, 2025]

✒ Lo bueno de los besos es que
siempre se ven venir.

Mujer en llamas

VEN ARDIENDO hacia mí, ven con tu falda
y con tu blusa en llamas, con tu pelo
convertido en antorcha de lujuria
con que incendiar la alcoba donde duermo.
Ven desnuda hasta mí como una hoguera
instalada en el centro de mi pecho.
Dame el abrazo que quedó olvidado
entre las brasas de nuestro tormento.
Y cuando, calcinados en la gloria
excesiva y feroz dé nuestro fuego,
vivamos el amor interminable
que nos trae vida y muerte al mismo tiempo
dame la mano y llévame contigo
al paraíso hirviente de tus besos.

[Inédito]

☛ En cambio, a mi Ursula, la diosa del fuego, la mujer en llamas de Rider Haggard, siempre se me aparece en bikini blanco saliendo de las aguas caribeñas.

Botticelli,
Historia de Nastagio degli Onesti

para Joaquín Leguina

Mi SIGUIENTE ELECCIÓN serían los tres cuadros
que Sandro Botticelli y su taller dedican
(junto con una cuarta tabla, que está en Italia)
a ilustrar una historia narrada por Boccaccio
en el *Decamerón*. Son tres maravillosas
viñetas que nos cuentan un cuento con final
feliz, ya que la dama termina concediendo
la mano a su galán (aunque antes asistamos
a la fantasmagórica y feroz cacería
que se plasma en las tablas). Un ejemplo de écfrasis
para la eternidad este de Botticelli,
mi pintor favorito, el dueño de la línea

Segundo de los cuatro cuadros que
Sandro Botticelli, bajo el título
Historia de Nastagio degli Onesti,
dedicó a narrar un episodio del
Decamerón de Giovanni Boccaccio.

que convierte en pintura la esencia neoplatónica
y nos conduce al reino perpetuo de la Idea.

[Ala de Cisne, 2025]

👁 Te encanta beber los vientos por las palabras
que se repiten: Botticelli, Boccaccio.

La manta

Una mujer y un hombre desnudos, de amor ciegos,
en un salón repleto de libros y tebeos.

Han pasado la tarde besándose, abrazándose,
acoplando sus cuerpos, celebrando el instante.

Se va haciendo de noche. Rendidos y agotados,
interrumpen sus flujos y se dan un descanso.

Para no coger frío recurren a una manta
tan vieja como el mundo, rota, despeluchada.

que yace en un armario desde tiempos remotos,
coronada de olvido, dejadez y abandono.

Se arrebujan los dos, desnudos como están,
en la raída manta que les sirve de hogar.

Vedlos: bajo la manta se han quedado dormidos.
Cabalgan por el sueño, donde nunca hace frío.

[Inédito]

◖ ¿La manta con la que se oculta Kirk Douglas
al regresar a su casa de Ítaca?

Firenze, 1970

a la memoria de Juan Antonio de Cuenca

DESPUÉS DE MÁS de medio siglo, apenas
puedo reconstruir aquel pasaje
de mi vida. Tan solo se dibuja
con cierta nitidez en mi recuerdo
la imagen de un andén en la estación de Atocha
y un «se acabó» en sus labios que ponía
punto final a todo. Fue en julio del 70.

Me quedé tan perdido y desolado
que mi padre, advirtiéndolo,
me dijo que eligiera una ciudad de Europa
para pasar en ella, con él, una semana,
tratando de olvidar.
Dije «Florencia» sin dudarlo un ápice.

Allá nos fuimos. Cierto es que no pude
olvidar por completo lo ocurrido,
pero lo conseguí parcialmente. Florencia
te enamora de un modo irresistible,
aunque sin destrozarte el corazón. Su alma
cura las llagas de quien se aproxima
a su luz. No hubo iglesia ni museo
que dejásemos sin inspeccionar
gozosamente. Y ambos comulgamos
con la sagrada forma de sus calles,
que eran las calles donde mis heridas
iban cicatrizando poco a poco
merced a la alegría aristocrática
que reinaba en aquel lugar divino.

Muchas gracias, papá, por lo que hiciste
por mí, que estaba roto, hecho pedazos,
llevándome a Florencia.
Y por los *Pisan Cantos* de Ezra Pound
que en edición bilingüe me compraste
en una librería mitológica
de la Via Cavour que se llamaba

Marzocco. Y muchas gracias a Florencia,
la ciudad más hermosa que mis ojos
han visto nunca, por aligerar
aquella insoportable pesadumbre
que luego, por razones que ahora omito,
se hizo aún más amarga.

[*Ala de Cisne*, 2025]

🪶 Atocha no fue tu Stazione Termini, como creías.
Al contrario, sus andenes te llevarían al Paraíso,
el del Campanile que domina la Piazza del Duo-
mo. Tu padre (y Florencia) transformó al pequeño
escribiente florentino en un poeta irrepetible,
único, desde aquella *habitación con vistas* a la
librería Marzocco.

Esta primera edición
en LOS VERSOS DE CORDELIA de
ROMANCERO DE LUIS ALBERTO
se acabó de imprimir
en la primavera de 2026

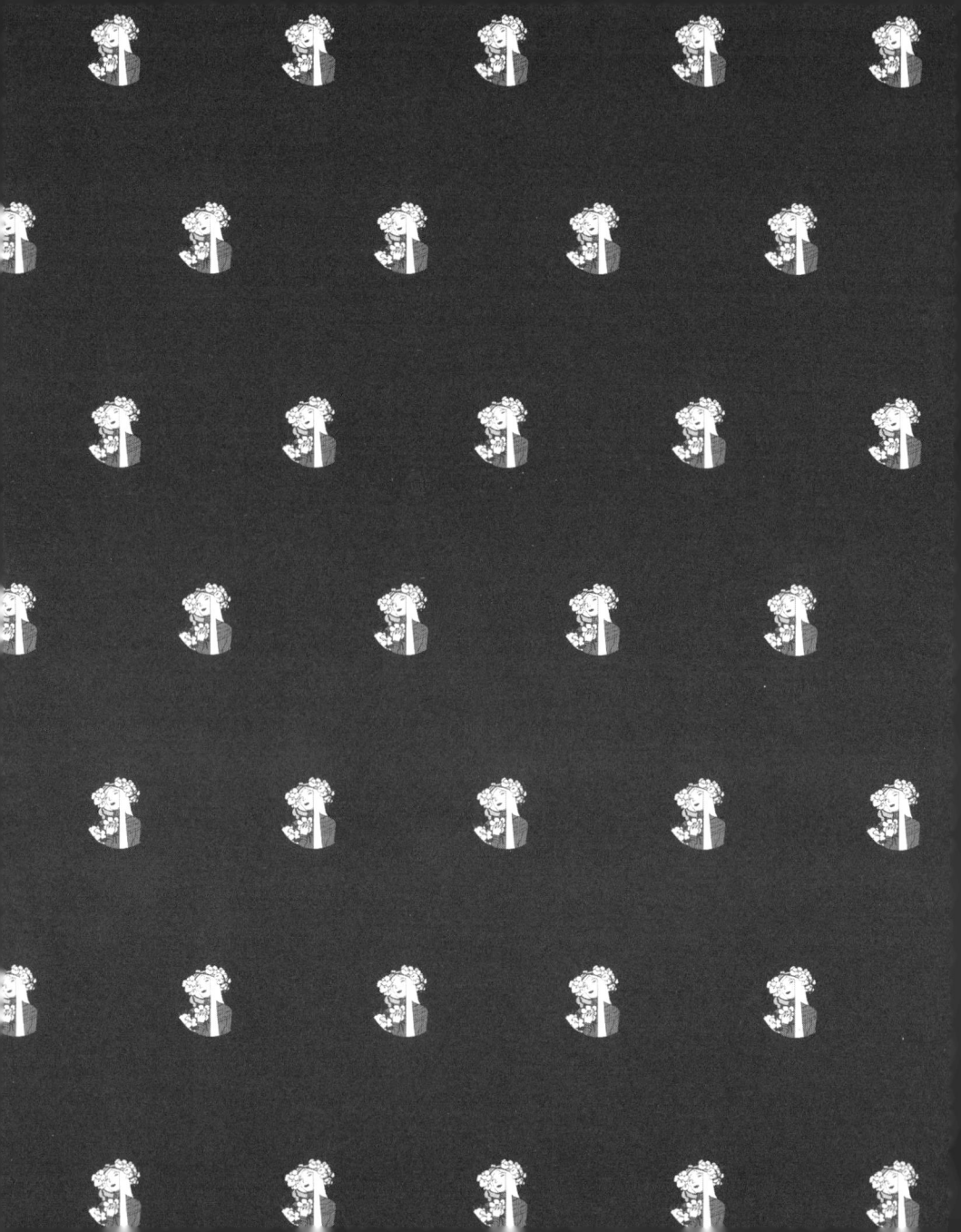